AF299479

LOUIS CONS

1840 — 1881

PARIS

—

1882

LOUIS CONS

Louis Cons est mort le 30 juillet 1881.

Le 1ᵉʳ novembre 1882, un nombre considérable de parents et d'amis étaient réunis au cimetière Montparnasse, pour inaugurer le modeste monument que des mains pieuses venaient d'élever à sa mémoire.

La pierre porte l'inscription suivante :

A LOUIS CONS
professeur d'histoire
19 *mai* 1840 — 30 *juillet* 1881
ses Parents et ses Amis

Et en exergue :

LA FAMILLE — LA PATRIE — L'HUMANITÉ

Deux discours ont été prononcés sur cette tombe : l'un par M. Paul Foucart, au nom des amis positivistes de Louis Cons; l'autre par M. Larroumet, au nom des professeurs de l'Université qui avaient été ses collègues. L'un des plus anciens amis de Louis Cons, M. Chabrier, s'est avancé ensuite, et, dans quelques paroles éloquentes, a remercié l'assistance au nom des filles, des sœurs et du vieux père absents.

*Discours de **M. P. Foucart**.*

Voici plus d'une année que, frappé d'une mort soudaine, a disparu celui dont nous inaugurons aujourd'hui le tombeau, modeste comme sa destinée et sa fortune. Et cependant, bien que chez beaucoup le chagrin poignant des premières heures ait fait place à des sentiments plus calmes, le regret causé par la fin si brusque de Louis Cons ne semble point avoir diminué. Je n'en veux d'autre preuve que le concours d'amis devant qui je parle. Catholiques ou libres-penseurs, croyants ou incrédules, vous êtes accourus à la seule annonce de cette cérémonie consacrée à un homme qui pourtant ne fut point un puissant du monde, et, divisés sur bien des questions, vous vous êtes trouvés d'accord pour honorer sa mémoire.

D'où vient cette estime profonde, d'où vient cette affection vivace que Louis Cons a fait naître chez presque tous ceux qui l'ont connu et dont un grand nombre ne partageaient point ses idées? D'où vient surtout ce phénomène étrange d'un homme absolument dégagé de toute croyance surnaturelle et qui a pu néanmoins enseigner l'histoire dans une maison ecclésiastique, non seulement sans blesser la conscience d'autrui, mais encore sans capituler avec la sienne?

Si, par l'excellence d'un fruit, on peut juger de la bonté originelle de l'arbre qui l'a produit, et de la culture que cet arbre a reçue, n'est-ce point aussi par les qualités de cœur et d'intelligence qui se révélèrent en Louis Cons que l'on doit à la fois apprécier son heureuse nature et les enseignements par lesquels elle fut développée? Converti aux doctrines d'Auguste Comte à la suite de cette crise dont, chez la plupart d'entre nous, est précédée la puberté de l'esprit, c'est à ces doctrines, croyez-le bien, que vous devez faire honneur de la majeure partie des charmes et des vertus qui lui méritèrent l'unanime sympathie qu'atteste ici votre présence.

Ceux-là seuls pourraient s'en étonner qui, faute de connaître le Positivisme, le prendraient pour un ennemi des organisations religieuses du passé au lieu d'y voir, avec Cons, le légitime héritier de leurs conquêtes progressives. Régler chaque nature individuelle et rallier les diverses individualités, ainsi se formulait pour lui le problème sciemment ou implicitement posé par toutes les doctrines qui ont aspiré à exercer un véritable ascendant sur les hommes, depuis qu'ils s'agitent sous l'œil de l'histoire. La permanence de ce problème était pour lui un guide intellectuel et moral. Démêlant l'identité du fond sous la variété des formes, il voyait peu à peu surgir à travers les âges la religion unique, à la fois universelle et définitive, vers laquelle ont toujours tendu les synthèses partielles et provisoires. Fétichisme de nos premiers aïeux, mythes des polythéismes divers, métaphysique des monothéismes, systèmes des philosophes et des savants, lui apparaissaient successivement comme des pas faits dans une même direction. En rapportant chaque dogme à sa destination temporaire et locale, leur antagonisme comptait moins pour lui que l'identité de leurs tendances. L'esprit relatif de la doctrine nouvelle lui donnait ainsi des affinités avec chacune des doctrines antécédentes et les lui faisait toutes considérer comme des échelons successifs gravés par le genre humain pour s'élever à la tendresse et à la pureté du cœur, à la clarté et à la sérénité de l'esprit, à la douceur et à l'énergie du caractère. « Certes, disait-il, nous « sommes de ceux qui croyons que notre siècle vaut mieux « que ceux qui l'ont précédé. Mais nous croyons aussi que « les avantages dont nous jouissons ont été acquis au prix « des efforts de générations qui toutes ont fait leur tâche, « qui toutes ont accru peu à peu le patrimoine légué par les « générations antérieures. Le sentiment qui nous inspire est « celui d'une vénération profonde pour nos pères (1) ». Cons

____

(1) *Histoire de France,* Préface.

ne ressemblait donc point à ces parvenus vaniteux qui rougissent d'ancêtres auxquels ils doivent leur fortune; il était pareil à ces fils reconnaissants qui, tout en s'efforçant d'accroître l'héritage de richesse et d'honneur qu'ils ont reçu d'eux, aiment et respectent jusqu'aux plus obscurs de leurs prédécesseurs.

De ce respect que Louis Cons professait pour le passé, de ce désir de l'améliorer qu'il ne professait pas moins, vous trouvez une manifestation sur cette tombe même. Que signifient ces mots : « *la Famille, la Patrie, l'Humanité* », gravés ici sous la dédicace funèbre? Ils rappellent le triple objet du culte positif, les trois êtres collectifs par l'entremise desquels Louis Cons pensait que nous sont transmis tous les trésors matériels et spirituels qu'ont amassés nos aïeux. En cela, sa foi ne bouleversait point l'ensemble des idées reçues : elle les absorbait en les élargissant. A l'amour inné de la famille, à l'amour de la patrie développé surtout par la Grèce et par Rome, elle joignait l'amour de l'Humanité, la plus grande des puissances réelles auxquelles nous soyons soumis, amour qui seul peut nous permettre de remplir les devoirs complexes qu'imposent à l'homme moderne sa connaissance de toutes les civilisations disparues, ses relations croissantes avec tous les peuples actuellement vivants sur la terre. Loin de combattre les tentatives religieuses du passé, elle venait par là répondre à leurs plus hautes aspirations morales, atteindre le but que chacune avait implicitement visé ! En effet, malgré ce qu'il y gardait encore de dur, d'étroit et quelquefois de féroce, l'égoïsme collectif que développait la Patrie antique ne pouvait-il pas seul nous élever vers des conceptions plus larges, vers des sentiments plus généreux ? Et, bien qu'elle ne fût qu'une impulsion du cœur imparfaitement éclairée par l'esprit, la charité chrétienne n'était-elle point l'indispensable avant-courrière des sentiments religieux de l'avenir?

Entre toutes les formules positivistes que Louis Cons

adoptait et pratiquait également, celle-ci a donc été inscrite sur son tombeau parce qu'elle est un signe de paix, non
de discorde, parce qu'elle ne saurait froisser la conscience
d'aucun de vous. Elle y a été inscrite aussi parce que, mieux
que nulle autre, elle résume l'emploi de sa vie : fils, époux et
père, il s'est noblement dévoué à sa famille. Après d'horribles
désastres, alors que la patrie mutilée semblait prête à périr,
il est de ceux qui n'ont point désespéré d'elle, qui ont eu foi
dans ses destinées futures. Enfin, en propageant la doctrine
qui gouverne l'âge mûr de notre espèce, il a donné à l'Humanité tout l'effort que n'absorbaient point ses devoirs domes-
tiques et civiques.

Louis Cons peut donc reposer en paix ! Ayant consacré aux
autres le plus pur de ses sentiments, de ses pensées et de ses
actes, il a mérité une longue gratitude. De la plus humble
des immortalités, de celle peut-être à laquelle il tenait
davantage, je veux dire de ce souvenir pieux que gardent de
nous ceux dont nous avons été personnellement connus,
votre présence montre bien qu'il ne manquera point. Mais ce
ne serait pas assez ; et puisque ses services ont dépassé de
beaucoup le cercle étroit des relations intimes, puisque ses
travaux se trouvent liés à l'histoire de croyances qui seront
celles de la postérité, nous devons compter que son nom sur-
vivra à nos courtes existences, que notre zèle pour sa
mémoire trouvera des successeurs, et que jamais la mousse ne
poussera sur ce tombeau !

Discours de M. Larroumet.

Messieurs,

Vous venez d'entendre une voix autorisée rendre à Louis
Cons l'hommage que méritaient en lui le sage et l'ami.
Permettez-moi de vous dire ce que fut le professeur. J'ai été
son collègue pendant cinq ans, et, parmi ceux auxquels

m'attachàit la confraternité de notre profession, je n'en ai pas connu de plus digne d'estime. J'emploierais un autre mot, si je ne craignais de blesser sa modestie par-delà cette tombe, car, pour lui, le dévouement le plus absolu à ses fonctions n'était que la simple observation du devoir.

Prématurément brisée par la mort, sa carrière fut courte; elle fut aussi difficile et pénible. Je ne parle pas seulement des fatigues inhérentes au plus dur des enseignements, celui de l'histoire; elle rencontra dès le début des obstacles souvent infranchissables. Il ne se rebuta point; il se fit seul et ne dut rien qu'à lui-même.

Après de brillantes et solides études au lycée d'Orléans, il se destinait à l'Ecole normale. S'il y fût entré, la trempe de son caractère, la prompte maturité de son esprit, sa rare puissance de travail l'eussent bientôt placé au premier rang de ceux qu'a formés cette illustre maison. Il tenta deux fois le concours; deux fois admissible, il ne put sortir vainqueur des épreuves définitives; la première fois, une espièglerie politique le fit rayer de la liste; la seconde, une indisposition l'empêcha de les terminer.

Il prit bravement son parti de cet honorable échec. Comme les nécessités de la vie pressaient, il se fit maître d'études; mais il ne s'attarda point dans ce stage d'autant plus méritoire qu'il est plus court; bientôt, reçu licencié ès lettres, il pouvait enseigner.

Ce n'était pas alors, comme aujourd'hui, Messieurs, l'usage de consulter le futur professeur sur ses aptitudes et ses préférences. Sauf pour les élèves de l'Ecole normale, l'arbitraire et le hasard présidaient à la distribution des chaires; ils firent de cet historien par vocation un professeur de rhétorique, au collège de Lesneven. Heureusement, il n'y resta guère. Transféré, au bout d'un an, comme professeur d'histoire, à Arras, de là à Valenciennes, il attirait bientôt l'attention de ses chefs, et, des collèges, passait dans les lycées, à Lorient d'abord, puis à Rennes; il occupait ce dernier poste, lorsqu'il obtint le titre d'agrégé d'histoire, le second sur la liste. Appelé au collège Stanislas, il ne devait plus le quitter ; il y enseigna dix ans.

Vous savez, Messieurs, quelles étaient les convictions philosophiques de notre collègue. N'est-il pas surprenant, dès lors, qu'une si grande partie de sa carrière se soit passée dans un collège dont les professeurs appartiennent à l'Université, mais dirigé par une administration ecclésiastique? J'ai enseigné, comme lui, dans cette maison ; je puis attester que nulle part la direction n'est plus libérale, l'indépendance du corps enseignant plus complète. Celui qui a porté le collège Stanislas à un si haut point de prospérité, M. l'abbé de Lagarde, ne demandait à ses collaborateurs que le dévouement professionnel ; il respectait les convictions du professeur, qui respectait lui-même la foi religieuse de ses élèves et de ses chefs. Cette mutuelle tolérance, honneur des deux parties, n'est autre chose que la liberté de conscience. Jointe à la forte et intelligente discipline de la maison, elle en assure la prospérité. Les divergences qui soulèvent ailleurs de si ardentes querelles n'existent pas à Stanislas ; chacun se renfermant dans son rôle, la concorde règne, car elle est fondée sur l'estime et la confiance réciproques.

Depuis le jour où, pour la première fois, il lui avait été donné d'enseigner l'histoire, Louis Cons n'avait cessé de travailler, avec ardeur, avec passion. De sa vie, il avait fait deux parts : l'une consacrée à sa famille, qu'il adorait, à ses amis, qu'il considérait comme une seconde famille ; l'autre à ses fonctions. De plaisirs et de distractions, il n'en connut pas ; le seul délassement qu'il s'accordât, c'étaient de longues courses champêtres, car ce ferme esprit, ce laborieux historien était un poète.

Après sa mort, chargé par sa famille du triste soin de faire l'inventaire de sa bibliothèque, je parcourus ses livres, compagnons de tant d'heures de travail. Il n'y avait trace de luxe ni de recherche, mais aucun des instruments les plus coûteux de la science historique n'y manquait. Tout, dans leurs pages fatiguées et jaunies, dans les notes, les repères, les corrections qui les couvraient, tout y révélait l'étude assidue et sans cesse reprise; pas un qu'il n'eût lu et relu. Grands ouvrages de généralisation, monographies savantes, modestes manuels d'enseignement, tous témoignaient de sa science, de ses scrupules, de son esprit critique. Ils montraient que cet homme de devoir n'avait jamais quitté son cabinet pour sa classe que sûr de sa parole, préférant à ces improvisations brillantes, qui font la réputation du professeur, mais auxquelles l'élève ne trouve pas toujours son profit, la leçon nourrie et consciencieuse, d'autant mieux appropriée aux besoins de l'auditoire qu'elle les dominait de plus haut.

C'était, Messieurs, une physionomie originale que celle de notre collègue. Vous vous le rappelez, avec sa tenue correcte, sa figure fine, éclairée d'un sourire discret, son regard doux et clair. Il ne connut jamais ces difficultés que soulève parfois l'humeur turbulente d'un jeune auditoire. Entre la sévérité excessive qui glace et la bonté trop familière qui nuit au respect, il gardait une mesure parfaite. Il avait du reste cette qualité maîtresse, qui, seule, suffirait au maintien du bon ordre : il intéressait profondément ses élèves. Sa parole était concise, un peu saccadée, toujours forte et nerveuse, parfois aiguisée d'ironie. Il avait l'horreur de la phrase ; cependant, il ne s'interdisait pas l'enthousiasme. Qu'une noble cause, une grande idée, un fait héroïque avivât la flamme secrète qui brûlait en lui, il s'échauffait, il s'élevait sans effort, emportant à la hauteur de ses propres sentiments l'âme de ceux qui l'écoutaient.

Que leur enseignait-il, Messieurs? L'histoire, sans doute ; mais non l'histoire purement chronologique, stérile et sèche, ni l'histoire dite philosophique avec ses généralités ambitieuses et ses jugements de parti pris. Il montrait partout l'activité humaine réglée par la logique, récompensée ou punie par cette justice qui se dégage toujours des faits ; il montrait les peuples comme les individus soumis à la loi morale, acceptée ou bravée, mais, en fin de compte, toujours victorieuse. Il s'inspirait de la simple et noble devise gravée sur cette tombe : « la Patrie, la Famille, l'Humanité » ; il la montrait justifiée par l'histoire. La patrie ! De quel amour sincère et profond il l'aimait ! Lorsque revenait dans son cours quelqu'un de ces évènements décisifs, où la grandeur, l'intégrité, l'existence de la France furent en jeu, sa parole vibrait d'émotion. Il ne pouvait prononcer de sang-froid les noms de Jeanne d'Arc, de Villars, de Carnot ; et les sentiments dont il était plein, ses élèves les partageaient, grâce à lui. Le jour où ils apprirent qu'il était mort, qu'ils ne l'entendraient plus, l'un d'eux, sous l'impression de ce coup de foudre, s'écria : « Si j'aime la France comme je l'aime, c'est à M. Cons que je le dois ! »

Touchante parole, Messieurs, qui honore également celui qui l'a prononcée et celui qui l'a inspirée ; surtout si vous songez à la composition de son auditoire, aux préjugés respectables qu'il avait à ménager, aux obstacles que la vérité historique rencontrait parfois au seuil de ces jeunes esprits.

Il leur communiquait aussi le feu sacré dont il brûlait luimême, la fièvre du travail. Dans les concours d'admission aux écoles spéciales, ses élèves obtenaient toujours le premier rang ; au concours général des lycées de Paris, ils remportaient les plus belles couronnes ; le jour même de sa mort, dans le total des nominations obtenues par Stanislas, un tiers lui appartenait.

Tel fut le professeur. Louis Cons promettait d'être encore autre chose ; il avait les hautes qualités qui font l'historien ; il était écrivain de race. La mort ne lui a pas permis de tenir cette promesse ; de rares études insérées, sous un pseudonyme, dans une revue savante, deux ou trois petits livres d'enseignement, voilà tout ce qui reste de lui. Quelques années de plus, et il eût mené à bien une double tâche don il amassait

depuis longtemps les matériaux : l'histoire de l'affranchisse-
ment des communes rurales sous l'ancien régime et celle de
la diplomatie française ; deux grands et difficiles sujets,
auxquels n'eussent été inférieurs ni sa science, ni son
talent, ni son courage.

Messieurs, on dit des meilleurs d'entre nous, quand ils ne
laissent pas de livres, qu'ils meurent tout entiers. Cela n'est
pas. Ils survivent longtemps encore, aussi longtemps que les
générations instruites par eux ; que dis-je ? ils en font partie ;
ils les inspirent et agissent encore par elles. Cela est vrai
surtout du professeur d'histoire : tant d'esprits formés à
l'amour du pays, au sentiment de la justice, au respect de la
dignité humaine constituent son œuvre durable et son legs à
la patrie. Le jour où l'un de ses élèves écrit un beau livre ou
fait une belle action, l'honneur lui en revient ; ou, plus
simplement, lorsque tous passent une existence droite dans
la pratique du devoir, le dévouement à leurs semblables,
le culte de l'honneur, il voit lever et grandir, du fond de la
tombe, les germes qu'il a semés.

Cher et excellent ami, vos élèves sont de ceux qui récom-
pensent ainsi leurs maîtres. Beaucoup servent aujourd'hui
leur pays dans les professions les plus diverses ; quelques-
uns peut-être ajouteront quelque chose à son patrimoine de
gloire : tous savent ce qu'ils vous doivent et votre souvenir
vivra autant qu'eux-mêmes. Pour nous, vos collègues, le sentiment du bien que vous avez fait, la connaissance plus
intime de vos rares qualités, l'affection profonde que vous
nous aviez inspirée, justifient l'hommage que nous vous
rendons aujourd'hui publiquement, que nous vous rendrons
toujours au fond de nos cœurs.

Paroles de M. Chabrier.

Messieurs, je ne vous retiendrai plus longtemps. Je ne veux... je ne pourrais rien ajouter au double éloge que vous venez d'entendre de notre cher ami Cons. — Nous sommes tous réunis autour de cette tombe dans une commune pensée de regret, d'estime, d'affection pour celui qui y repose. Mais il manque à cette cérémonie ceux qui auraient dû y figurer au premier rang et qui auraient trouvé dans cette manifestation du souvenir et de l'amitié quelque allègement à leur douleur, je veux dire, le père, les sœurs, les enfants de Cons. Ils comptent que je les représenterai au milieu de vous, et c'est de tout mon cœur que je m'acquitte de cette pieuse mission.

Au lendemain de la mort soudaine du pauvre Cons, et encore sous le coup de la catastrophe, il fallut songer à ceux qui restaient sans appui, et pourvoir à ces dures nécessités de l'existence qui doublent encore l'amertume des douleurs les plus amères. Or, ce ne fut pas le moindre des chagrins de la famille orpheline que la nécessité où elle se trouva réduite de quitter Paris et d'abandonner la chère dépouille. Elle se résigna cependant à l'exil, et alla dans une petite ville du Jura chercher une vie plus clémente, réveiller de lointains souvenirs de famille, et renouer des traditions à demi effacées. C'est là que, sans oublier un passé pour toujours évanoui et des espérances à jamais brisées, le vieux père de notre ami et ses deux sœurs consacrent à l'éducation de ses deux filles ce qui leur reste de force et de courage. Leurs yeux et leurs cœurs sont en ce moment tournés vers Paris : leur pensée est ici au milieu de nous, émue, attendrie, douloureuse ; mais ils ont voulu que quelqu'un vous la rendît sensible, et c'est moi qu'ils ont chargé d'être leur interprète.

C'est en leur nom que je vous adresse ces dernières paroles ; ce sont leurs sentiments que je vous traduis.

Un mot les résume tous : reconnaissance. Merci, Messieurs, au nom des absents, merci à vous tous qui êtes venus apporter l'hommage de l'amitié à une chère mémoire. Merci à vous, Messieurs les professeurs du collège Stanislas, à vous qui, à la nouvelle de la mort de votre collègue, voulûtes, d'un mouvement spontané, vous charger de ses funérailles, et, par une résolution deux fois délicate, exonérer la famille des frais et des préoccupations d'une si triste cérémonie. Je ne puis me rappeler sans émotion votre concours si empressé, si franchement sympathique, tel en un mot, que derrière le char funèbre, chacun de vous pouvait être pris pour le frère de celui qu'on allait ensevelir. Je me rappelle le discours éloquent de votre directeur, et les larmes qui accueillirent ce pathétique éloge de l'homme, du professeur, du fils, du père. Ces témoignages ont été bien doux aux cœurs de ceux que la mort avait si cruellement frappés. — Et ce n'était là que le prélude de ce que le collège Stanislas allait faire.

Cons n'avait pas de fortune : mais prévoyant les terribles éventualités de l'avenir, il avait contracté une assurance sur la vie, considérable par rapport à ses ressources, trop faible pour les besoins d'une famille relativement nombreuse. Aussi, tout en bénissant la sagesse du père, nous constations avec angoisse l'insuffisance de la somme, quand nous apprîmes que les pères de famille du collège Stanislas, dans un élan de reconnaissance généreuse pour le professeur qui avait si bien guidé leurs fils, ouvraient une souscription dont le chiffre avait atteint, à la fin des vacances dernières, près de 25,000 fr. Nous devons citer tout particulièrement MM. Verstraëte, maître des requêtes au Conseil d'Etat, et M. Morel d'Arleux, notaire, qui se sont chargés de tout le détail matériel de cette souscription, circulaires, réunions, encaissement et emploi des fonds. C'était le salut, et désormais nous pouvions regarder l'avenir sans effroi. Je voudrais que tous ceux qui ont pris part à cette œuvre fussent ici pour pouvoir les remercier tous solennellement, au pied de ce tombeau, au nom de celui qu'il renferme. Vous du moins, Messieurs les professeurs, portez-leur, je vous prie, le témoignage renouvelé de notre sincère gratitude.

Je dois aussi vous remercier, Messieurs les Positivistes ; vous avez, vous aussi, pieusement honoré la mémoire de Cons, et aidé sa famille, le jour même des funérailles, par votre discrétion et votre réserve, alors que vous avez sacrifié les plus légitimes scrupules, et préféré un silence utile aux parents de Cons, à l'affirmation résolue de droits moralement indiscutables. Depuis, vous avez pris votre revanche ; vous avez sauvé les restes de Cons des hasards d'une sépulture incertaine, vous leur avez donné une demeure stable, vous lui avez élevé un monument dont la modestie convient à la simplicité de ses mœurs, et vous avez désigné cette tombe aux pieux pèlerinages de ses amis et de ses coreligionnaires. Je dois un remerciement spécial à M. Foucart qui nous a parlé avec compétence et talent de la foi de notre ami ; à M. Larroumet qui a fait revivre un instant devant nous le professeur si distingué que Stanislas regrette encore ; à M. Dubuisson qui veut bien veiller avec le zèle de l'amitié aux quelques intérêts que la famille de Cons a encore à Paris, grâce aux travaux de ses derniers jours. Enfin, à vous tous un dernier remerciement, et une dernière parole : qu'à toutes les pensées à la fois douces et tristes que la commémoration de ce jour fait naître dans vos âmes s'ajoute celle-ci : à cette heure un vieillard, deux saintes filles, deux enfants vous bénissent.